früher
heute
morgen?

INKLUSION
Nach 2 Metern links abbiegen!
Ra

Renate Alf

DIE BESTEN CARTOONS FÜR Lehrer*innen

LAPPAN

Dieser Text steht genau so auf Referate.de!
Stimmt! Ich hab ihn hochgeladen.
Ra

Zu Fuß zur Schule??
SCHULE
Bei dem Verkehr?!?
hup!
Ra

Na, Merlin? Wie viel Minuten bist du heute zu spät?
Ich hasse Textaufgaben!
Ra

Sind das alles Ihre...??
Ra

Pisa!

Berufserkundendes Praktikum!
LEHRER-ZIMMER
Ra

Auch so ein belebender kleiner Städteurlaub ...?
au!
Ra

?!?
Dienst nach Vorschrift
Burnout

4A
„Offenes Klassenzimmer"?!
Und wenn Sie mal jemand rausschmeißen wollen??
Ra

Die Klasse 8B beantragt ein Sabbatjahr!
Ra

Nachmittagsbetreuung
So sind die alten Kartenständer noch zu etwas gut!
Pa

Sven und Lene sitzen in der Kuschelecke!
Na und?
SIE KUSCHELN!!
Ra

Statt Noten!
Und wie geht plus und minus?
Ra

Und? Was machen Sie Schönes am Wochenende...?
Mathe
Deutsch
Ra

Tja…Für Algebra hab ich grad keine sensible Phase…!
y
x =
Ra

Ferien!! Endlich Zeit zum ...
... Krank werden?
Ra

Kein Bock mehr auf Frontalunterricht!
Ra

„Papier Korb benutzen!"
Klassen-Regeln
OKay.
Klassen-Regeln
Ra

SITZEN BLEIBEN
pro
Kontra
Man schreibt es zusammen!
Auseinander!!
Nie-mals!
Wer hat einen Duden… ?!?
Ra

Schule
Schule
SCHULE
Schule?
Schulee
Schule
Schule
Schule
SCHVLE
Σχηυλε
Schule
Schule
Schule
Schule
Schule

Er kriegt die Mathe-Ergebnisse per WhatsApp von den Mädchen!
Ich hab damals doch auch bei dir abgeschrieben!
Ra

Ich bin heute zum Klassenkasper gewählt worden!
Ra

Hausmeister?
Wir wurden
gehackt!
Ra

flash!
Genial!
⇒ E = mc²
Ra

Herr Thölke? Mir ist schlecht!
Mir auch!
Ra

Einzeln sind sie alle gaanz herzig!
7B
Ra

Stromstärke
J = U/R
Also: Kai wär jetzt mal die Spannung und Boris der Widerstand ...!
Ra

Z
Ich komme jetzt zum Höhepunkt meines Vortrags.
Ra

Neulich im Kultusministerium

MITTELSTUFE
Wegen Pubertät geschlossen!
Ra

BIOKURVE
große Pause
8
10
12
14
16
18
Nachmittags-Unterricht!
Ra

Kein Bock heute!
Ra

Weißt du, Pablo: Dafür bist du gut im Würstchen-Wettessen!
Picasso
Ra

Lukas, Lucas und Luca: Gelbe Karte!

Förderlehrer für Hypermotoriker

Meine Mama ist auch Deutschlehrerin!
Ra

Frau Stulz sagt, ich darf ruhig viele Fehler machen, weil ich doch Legotechniker bin!
DIK-TATE
Ra

Also ich hab einen Scoutranzen, einen Diddl-Spitzer, ein Felix-Mäppchen, den Turnbeutel von Oilily und das Wolfskin-Vesperset!
Und du?
Ich kann mit den Ohren wackeln!
Ra

Na?
Frag nicht so viel!
Ra

Arbeitsplatz Lehrerzimmer?

Toll !!
Z
Z
Z
Z
Z
Z
Z
Z
Ra

Schnipps!
Schnipps!
schnipps!
Frau Borg!
Frau Borg!!
Frau Borg!!
schnipps!
schnipps!
schnipps!
Lukas?
Ja bitte?
Ra

Ganztagsschüler müssen ihre Hobbies mehr und mehr in die Schule verlegen.
Ra

Alexa, was ist die Wurzel aus 64?
Neue Freundin?
Ra

Und dann habe ich zu ihr gesagt du denkst wohl
Hast du gestern die dritte Folge
Au!
He! Lass das!!

Er hat gleich die 8B!

ABCDEFG
HiJKLMN
OPQR
ABCDEFG
HiJKLMN
OPQRSTU
VWXY
Ra

Nur noch zwei Klassenarbeiten!

Sprachentwicklung

LEHRERZIMMER
Stopp mal kurz! Ich bin Streit-schlichter!
Ra

Die letzte Aufgabe dürfen Sie nicht bewerten! Als das dran war, ...
... hab ich gerade geschwänzt...!
Ra

„Beruf: Lehrer." ... Beneidenswert!
CARDIO PHARM

Was?! Tobi hat im Unterricht erbrochen??
Dann geht es ihm jetzt bestimmt besser, oder...?
Ra

Wir möchten uns hier vor Ort über die Vorzüge des finnischen Schulsystems informieren!
Lehrer-zimmer
Sauna
Ra

Schließlich heißt es Eltern-sprechtag!
Ra

Ich besprech das mit meiner Supervisorin!
MATHE
Ra

Natürlich haben wir hier auch Männer...!
Rektor
Hausmeister
Grund-schule
Ra

Stoff
TEST
Ra

Kola
Schoko Nuss
Gummi
BIO MÜSLI
Ra

Harry's Würstchenbude
Lehrer...!
Ra

„tired"?
English Vocabulary

LEHRER-KONFERENZ

Aufwachen! Das Gruppenreferat ist fertig!
Ra

SCHULE
GYMNASIUM
Oder nochmal ganz anders...?
Ra

Das Ziel der Klassenreise war erreicht:

Amokalarm?! Das passt gerade ganz schlecht!
Ra

reserviert
Ra

Ra

Leute, ich sag's gleich: Heute ist nicht mein pädagogischer Tag!
Ra

Nachdem unser Angebot „Lernen lernen" gerade auch auf Elternseite so viel Beifall gefunden hat, ...
... planen wir für nächstes Schuljahr einen vertiefenden Kurs mit dem Titel „Lernen lernen lernen"!
Ra

Stromausfall?
Man nennt es „Tafel"!
KREIDE

Jonas! Wer war Churchill?
Moment!
Bitte mal buchstabieren!
Ra

Und jetzt ein
kleiner Methoden-
wechsel ... !!
Ra

Was ich am Online-Unterricht liebe:
Alle Quasselstrippen sind stumm geschaltet!
Ra

Wir rennen kurz einmal ums Carré, sonst werden wir wahnsinnig!
Ra

Renate Alf,
geboren 1956 in Göttingen. Nach der Ausbildung als Lehrerin für Biologie und Französisch machte sie sich als Cartoonistin selbstständig. Sie veröffentlicht regelmäßig in den Zeitschriften „kindergarten heute", „Erziehungskunst" und „mit Kindern wachsen" und hat zahlreiche Cartoonbände im Lappan Verlag veöffentlicht.
www. renatealf.de

2. Auflage 2021
- Originalausgabe –

ISBN 978-3-8303-4505-3

Cartoons und Illustrationen: Renate Alf
Lektorat: Theresa Behle
Herstellung: Ralf Wagner

FOLGT UNS! facebook.com/lappanverlag
Instagram.com/lappanverlag
www.lappan.de

FSC www.fsc.org
MIX
Papier aus verantwortungsvollen Quellen
FSC® C002795

Anfragen wegen Nachdruck einzelner Cartoons bitte direkt an die Zeichnerin: **info@renatealf.de**